A pie de calle

A pie de calle

A pie de calle

A pie de calle

A pie de calle

Título: A pie de calle

II edición

Editorial Lulu

Este libro se terminó un 10/01/13

ISBN: 978-1-291-35176-7

©Federico Andrada

©Banquero Privado

A pie de calle

A pie de calle

Este libro se lo dedico
cariñosamente a mis padres

… A pie de calle

A pie de calle

C

Capítulo 2
  Boom inmobiliario **15**
Capítulo 3
  Reformas necesarias **19**
Capítulo 4
  El rescate **23**
Capítulo 5
  El paro **27**
Capítulo 6
  La verdad **31**
Capítulo 7
  Deuda **35**
  La luz **39**
Capítulo 8
  ¿En qué invertir? **43**

P

Prólogo **10**

A pie de calle

A pie de calle

Prólogo

Querido lector,

Seguramente la adquisición de este libro se debe fundamentalmente a la crisis económica en la que vivimos actualmente. Mi intención en este libro no es explicarle con términos ininteligibles lo que verdaderamente nos preocupa de esta crisis, si no, explicárselo con palabras de una persona de a pie, que reclama su derecho a la información y expresando mi opinión al respecto.

Federico Andrada-Vanderwilde Gross

A pie de calle

A pie de calle

Los últimos cuatro años de legislatura del PSOE (2007 – 2011), su gestión al frente del gobierno de España fue pésima. El mismo PSOE lo reconoció llegando a pedir una reunión urgente para aclarar las cosas.

Pero... ¿a qué se debe la crisis? Una crisis no llega así como así y menos en un país como España que ostentaba una muy baja prima de riesgo, al ser un país muy pequeño y sin gasto. No como Estados Unidos, que su deuda estaba por las nubes. En este gráfico pueden ver la curva de la deuda española desde el año 2000.

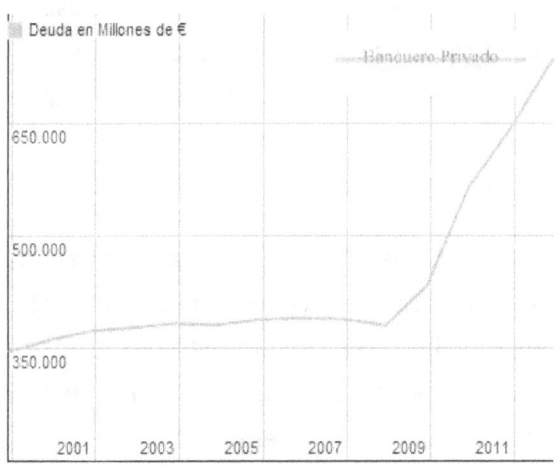

Fuente: Datos Macro

A pie de calle

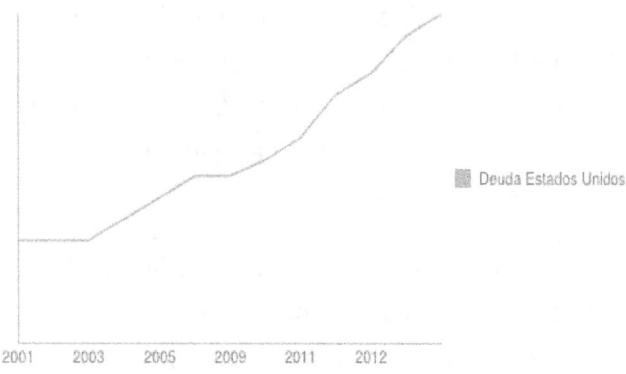

Fuente: Banquero Privado

Como se puede ver, la curva empieza a subir en 2009. Pero... ¿cuál es la causa de esa subida estratosférica? Esto nos dice que la verdadera crisis europea la crea Estados Unidos. Como dicen Obama y Romney en sus candidaturas: España reaccionó lenta ante la crisis.

¿Por qué esta lenta reacción de nuestro país ante la crisis? La respuesta a esta pregunta se remonta al año 2009, como podemos observar en la gráfica. Empieza a subir la deuda y el gobierno de Zapatero niega que estemos en crisis, dice que nosotros tenemos una de las mejores economías del mundo y nos conceden una silla en el G20. Esta situación no le gustó mucho a España, que ya

A pie de calle

tenía dudas sobre qué iba pasar después de enterarnos de la mala situación económica estadounidense con la quiebra de Leman Brothers.

El gobierno no sabe que hacer y con una mayoría absoluta no sabe llevar el gobierno por lo tanto el país empieza a hundirse como el Titanic, poco a poco.

Un día del 2010 sale a la luz que el presidente y todo su grupo cobran unos sueldos altísimos, y esto ocurre poco después de aprobar la ley de transparencia que se aprobó para enfriar los nervios, pero solo consiguió calentarlos. Mientras tanto en las comunidades como Andalucía los partidos del PSOE empiezan a tener problemas con la justicia pero todo se queda callado y seguramente hoy nadie recuerde que medio PSOE andaluz está en el maletín de una jueza.

A pie de calle

Capítulo 2

Boom inmobiliario

A pie de calle

En esa época era normal comprarse un coche con una hipoteca a 20 años, pensando que podría pagarla en el futuro y que no tendrías problemas para pagarlas, que España era uno de los países más seguros y que no teníamos ningún problema.

Esta situación le encantó a los bancos que empezaron a dar créditos a todo el mundo, incluso a personas con pocos ingresos se lo concedían sin ningún problema.

Pero esta situación siguió y siguió, lo que consiguió que el precio del metro cuadrado se fuera por los cielos y que se construyeran urbanizaciones que hoy en día todavía no se han terminado.

A pie de calle

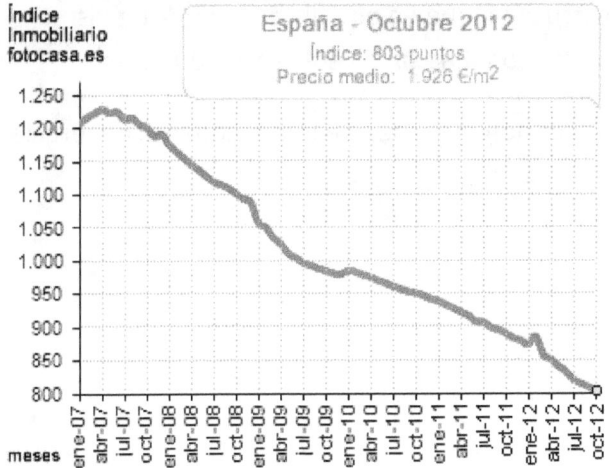

Como se puede observar en esta gráfica el precio de la vivienda en 4 años ha caído un 40%, pero ¿Por qué ha subido tanto? La respuesta es bien sencilla, antes unos jóvenes se compraban un chalet y se hipotecaban unos años, lo que llevo a hacer urbanizaciones, que se llenaron pero se realizaron más de las que se debían, Bankia es una de ella: en Sevilla Bankia tiene actualmente 47.785 millones de viviendas sin alquilar o vender, que pasaran directamente a el nuevo banco malo del gobierno el *SAREB a un precio que se disminuirá según dicen un 43%.

Esto hizo que no se pidieran más créditos y que los bancos no pudieran pagar a las empresas de

A pie de calle

construcción que en aquella época una de las carreras con más salida era la de arquitecto.

Esto ocasiona una bajada impresionante del precio de la vivienda.

*Sareb: Banco malo creado por el gobierno de España, para gestionar todos los activos tóxicos

Capítulo 3

Reformas necesarias

A pie de

Sí, es verdad que el actual gobierno de Mariano Rajoy está realizando unos recortes y unas subidas de impuestos que no tenía en su programa electoral, pero pensándolo bien ¿quién pensaba que ningún partido realizaría recortes y subidas de impuestos, en una crisis?

Realmente no son tan injustos los recortes como dicen los sindicatos, el verdadero problema es que los recortes para los ciudadanos se realizaron antes de los recortes presupuestarios, pero eso es una idea que tenemos en la cabeza metida por los sindicatos principalmente. Si yo os pregunto ¿es verdad que el gobierno ha recortado en coches oficiales? Ustedes seguramente me responderían que no, que lo único que han hecho es subirnos los impuestos tanto que seguramente muchos de vosotros trabajareis un 50% o más al año para el estado, pero no somos los únicos que nos apretamos los cinturones actualmente, los políticos cobran un 8% menos que en años anteriores de media, y los coches oficiales se han rebajado un 25%, los gastos en embajadas se están recortando y se han eliminado oficinas inútiles.

A pie de calle

Pero lo más interesante no es eso, es verdad que en España siempre hemos sido un poco rácanos, pero ustedes ven medio normal que empresas que recibían subvenciones del estado desde los años 80 ó 90 han seguido cobrándolas estando incluso quebradas desde hacía ya varios años atrás, pero todos estos datos no los sabe todo el mundo por culpa de los sindicatos.

A pie de calle

A pie de calle

Capítulo 4

El rescate

A pie de calle

Actualmente con esta crisis económica que sufrimos, muchas personas se atreven a decir que España podría sufrir un rescate, pero Mario Draghi ha aclarado dos cosas en los últimos días:

1º: España no necesita actualmente un rescate.

2º: La decisión del rescate no la tomaremos nosotros, la deberá de tomar España

Bien, esto si relaja un poco y te da confianza pero ¿realmente no necesitamos un rescate? La respuesta la podemos observar claramente en esta gráfica.

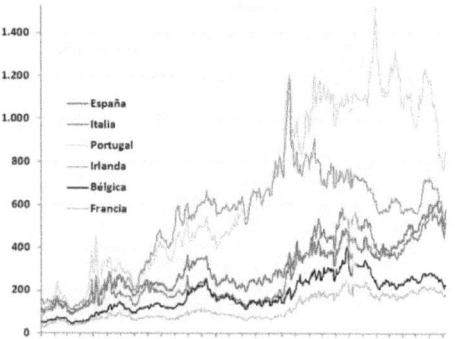

Nuestra prima de riesgo se mantiene muy por debajo de la portuguesa y claramente de la griega

A pie de calle

que no se puede mostrar en esta gráfica debido su tamaño.

Lo que demuestra que nuestra situación no tiene nada que ver con los países rescatados

A pie de calle

A pie de calle

Capítulo 5

El paro

A pie de calle

Este tema uno de los más buscados según Google™ después de prima de riesgo, por lo tanto una razón para realizar un pequeño capítulo.

El paro tiene realmente dos cifras, la del Instituto Nacional de Estadística y la de EPA (Encuesta de población activa) la más concreta es la de OCDE que apunta al número real de parados en un país y el INEM solo indica los que están registrados en el paro de ese país, por lo tanto aquí os muestro las de las dos:

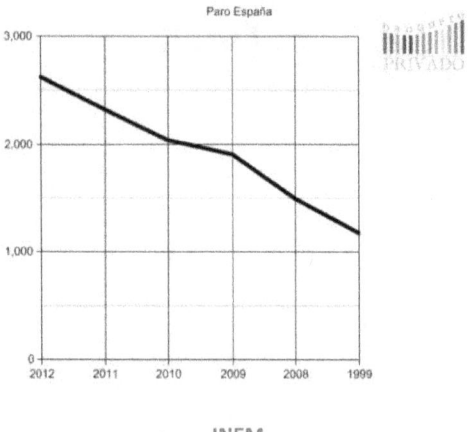

INEM

A pie de calle

Tiene un poco de diferencia con la del INE, pero los dos datos son buenos, cada uno vale pude indicarnos una cosa:

EPA: Indica el número de parados reales.

INE: Indica el números de personas subscritas al paro.

El de la EPA es el más fiable entre una de las cosas, porque gente que trabaja se apunta al paro ilegalmente, y uno de los mayores problemas de España se deben a que mucha gente no busca trabajo, ni se apunta al INEM.

A pie de

Por lo tanto gracias a estos datos podemos saber que en España tenemos muchos parados que no buscan trabajo.

Pero una cosa que no sabe la gente es que aunque el paro baje, no significa que tengamos menos parados y menos en crisis, ya que si miramos la gente que se va del país es muy alta y un gran porcentaje esta en paro, que al salir 9 meses de España se considera un parado menos, este es el verdadero fallo de la cifra del paro.

Capítulo 6

La verdad

A pie de calle

Hasta hace muy poco en España se creía que se podía gastar todo lo que se quisiera,
pero hablamos de políticos y ciudadanos, lo verdaderamente importante es que nadie se enteraba de que de España salía más dinero que el que entraba en las arcas del Estado, igual que si le preguntabas a alguien que era una subasta de bonos, no lo había oído es su vida o se creían que no se celebraba regularmente cosa que si.

¿Qué pasó? que llegó un momento que daba igual a quien votar, como si votabas al PSOE al PP o a CiU, todos los ciudadanos pensábamos que no estaba pasando nada, todo salía bien en Europa, nos dejaban opinar y votar en acuerdos políticos gracias a Sarkozy, que dijo que éramos una de las mayores economías de Europa.

Pero ¿qué pasó?, que esto llegó a su fin y todos se dieron cuenta poco a poco que cada vez todo estaba más oscuro, hablamos de agosto de 2008, la prima rozaba los 190 puntos y aquello era un escándalo, pero llegó Zapatero. Como dijo Obama reaccionamos lentos ante la que se nos avecinaba: la crisis porque Zapatero dijo:

¨España tiene el mejor sistema bancario de Europa¨

A pie de calle

Que bien, venga ya alguien se creyó que eso era cierto, que con la prima de riesgo por los aires por aquel entonces y el IBEX 35 bajando España estaba bien. No señor esa no es la respuesta que usted tiene que dar ante la crisis, usted tiene que hacerle frente a la crisis.

El problema que surge de aquí es que el PSOE pierde las elecciones y lo peor que me parece bochornoso para un partido como es el PSOE, echarle en cara al actual partido que las cuentas y los recortes son muy malas y que el déficit esta por las nubes, esto no se debe de hacer después de la pésima gestión realizada por su partido, pero claro el partido popular no se lo dice, excepto el ministro de educación José Ignacio Wert, pero es uno contra PSOE, CiU,… y que pasa, que los ciudadanos no se enteran y se creen que todo lo que dicen los sindicatos es verdad, y eso genera una duda entre todos los ciudadanos, porque los políticos dicen una cosa, la prensa otra y los sindicatos otra.

Y ahora explícame tú a mí quien tiene o no tiene razón y por qué sí o por qué no, por lo tanto espero que gracias a este pequeño libro todos lo entendáis mejor y os hagáis una idea clara de lo

A pie de calle

que realmente es verdad y lo que no es verdad o no es totalmente cierto.

Capítulo 7

Deuda

A pie de calle

Actualmente como detallé anteriormente (véase pág. 12) la deuda de España es alta, pero ¿qué solución le podemos dar? Muchos dicen que podemos copiarnos de Estados Unidos, que lo que van a hacer es crear una moneda nueva de un valor de un billón de dólares para subir el techo de la deuda pagando con esa moneda las actuales.

Muy buena la idea verdad, pero ¿eso puede funcionar en España? No antes sin alcanzar un acuerdo para no tener de moneda única el euro y al ser un país más pequeño los costes de realizar dicha gestión y realizar la moneda podría costarnos a parte de un enfado de más de un socio de la UE, es muy caro y en España no tenemos una situación tan alarmante como la tiene Estados Unidos que ya ha sobrepasado su nivel de deuda.

Yo empezaría quitando el 50% de las administraciones públicas.

En segundo lugar las personas que son contratadas a dedo o que entraron con un enchufe en puesto de directivo o cualquier puesto que supere los 20.000 euros al año de sueldo, porque lo que no puede ser es que se realicen recortes en I+D y se sigan contratando a personas que no merecen realmente ese puesto.

En tercer lugar potenciar los juegos olímpicos que generarían muchos ingresos que necesitamos más que nunca.

Después de realizar todo esto bajaría un 5% los impuestos (Ahora mismo todo el mundo piensa que subiendo impuestos se gana más, pero eso no es así, porque la gente defrauda cuando los impuestos son muy altos y cuando son altos paga) y un 2% el IVA, del 21 a 19, esta mediada generaría atracción turística.

Impuesto de 1 euro noche/persona en casas rurales o casas de vacaciones (no se incluye hotel) para aquel extranjero que se quede menos de 14 días.

Viajar preferiblemente en tren y en clase preferente no club y en caso de viajar en avión dependiendo de su cargo viajara o no viajara en clase business y preferiblemente en Iberia express para vuelos en los que se pueda utilizar esta sección de la compañía.

Con todos estos recortes internos que no nos afecten a los ciudadanos, sino que les afecte a

A pie de calle

ellos, se eliminaran muchos gastos que son innecesarios e incomprensibles en los tiempos con crisis que ahora mismo estamos viviendo.

Capítulo 8

La luz

A pie de

Actualmente en España la factura de la luz es muy alta:

Electricity prices for household consumers (¢/kWh)	
geo\time 2010	
European Union (EU27)	12,23
1 Cyprus	15,97
2 Ireland	15,89
3 Belgium	15,49
4 Luxembourg	14,33
5 Austria	14,31
6 Spain	14,17
7 Germany	13,81
8 UK	13,21
9 Slovakia	12,77
10 Netherlands	12,66
11 Sweden	11,95

Fuente: ANAEE

Somos el 6 de los 27 países de la UE con la electricidad más cara y parece que va a subir en el 2013.

Esta situación está generada por la regularización de la tarifa manejada por el gobierno, entonces lo que yo propongo es que se libere y los precias caerán seguramente, pero añadiría un impuesto del 5% adicional sobre costes de la luz, lo que generaría una bajada de luz e ingresos es bueno para los dos bandos (sociedad y gobierno) y aparte

A pie de calle

con una parte del dinero recaudado ofrecería ayudas a pequeños nuevos proyectos para la energía renovable principalmente la fotovoltaica que actualmente está en una situación en la que no es rentable invertir si es el caso de una pequeña planta que apenas produce y genera gastos o no se les concede un crédito para fabricarla.

También lo realizaría en el sector de la gasolina Pero ¿desde cuándo esta privatizado el precio de la gasolina? Esta privatizado cuando lo vende el mayorista, por lo tanto liberándolo las gasolineras podrían ser más competitivas y seguramente llegaría a la media europea.

Esto ayudaría a bajar el precio pero podría generar que Repsol bajase sus beneficios por lo tanto perjudicaría a la bolsa española por su segura bajada en bolsa, pero no creo que esto pase ya que al bajar el precio la gente empezara a comprar más litros de gasolina que antes.

A pie de calle

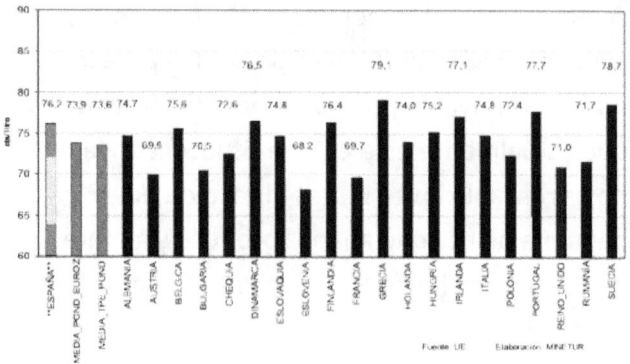

Cómo pueden observar en la gráfica la media española (Barra con 3 colores o primera desde la izquierda) supera por una cantidad elevada a la media europea (La siguiente a la Española), gracias a esto no podríamos competir contra Francia, pero si mantenernos en un precio razonable que podría atraer a muchos turistas.

Capítulo 9

¿En qué invertir?

A pie de calle

Actualmente es verdad que nadie piensa en invertir en España, excepto algún que otro extranjero muy rico, pero pienso yo: Actualmente es un buen momento para comprar acciones con poco riesgo por ejemplo Telefónica que actualmente se encuentra con unos precios muy bajos y que dentro de cinco años seguramente vuelva a encontrarse en los 16€/acción.

Una cosa de la que debemos preocuparnos en invertir en España es no invertir en los bancos, por la sencilla razón de que es muy fácil que este quiebre y usted puede decir ¡Es casi imposible que el banco Santander quiebre! Pero no es verdad, fíjense en Leman Brothers, un pedazo de banco respetado en todos los continentes mucha gente excepto sabiendo que se acercaba una crisis decidieron que era seguro invertir en Leman Brothers, pero quebró y desde entonces mucha gente ha aprendido la lección.

Entonces cómo no podemos hablar de invertir en bancos, vamos a ver las empresas en los que si podríamos invertir.

Telefónica

Actualmente es una muy buena opción, ya que es una compañía con muchos clientes y una gran cantidad de ellos tienen permanencia o no piensan cambiarse de compañía. Pero ¿hasta qué niveles podría llegar Telefónica en el mercado? Seguramente hasta los 15€ en finales de 2015 y principios de 2016.

A pie de calle

Inditex

Esta compañía muy conocida y poco vista por los expertas casi siempre bate expectativas y sube más de lo previsto o gana más, lo importante es que al fabricar ropa de bajo precio y que gusta entre la gente, pues no solo puede ser una inversión de medio plazo, sino que puede ser una inversión de que en un año se revalorice un 15%.

Día

Este supermercado de precios medio bajos, es una buena inversión debido a los grandes beneficios que obtiene por la gran demanda actual de buscar el precio más bajo y su comodidad de estar en calles muy transitadas, al contrario que Makro o Carrefour.

A pie de calle

A pie de calle

En este pequeño libro quiero dar mi agradecimiento a tantas personas que me han ayudado o apoyado a realizarlo:

Mis padres, a los que les dedico este libro.

Fátima Halcón, Leonor Torres Ternero, Adrián Rojas, Eva María Reyes y a mis dos hermanas.

Igualmente como un libro nunca se escribe sin sabiduría y opiniones de otros en especial me gustaría dar gracias a Javier Andrada-Vanderwilde, Fernando Andrada-Vanderwilde, Jaime Moro y Jaime Jiménez por sus discusiones y opiniones de las cuales yo me enteré.

A pie de calle

A pie de calle

Este libro se acabó de imprimir un día de invierno de 2013

A pie de calle

Una parte de los beneficios de este libro se donaran a la ONGD Proclade Bética

www.ingramcontent.com/pod-product-compliance
Lightning Source LLC
Chambersburg PA
CBHW072255170526
45158CB00003BA/1082